AF409956

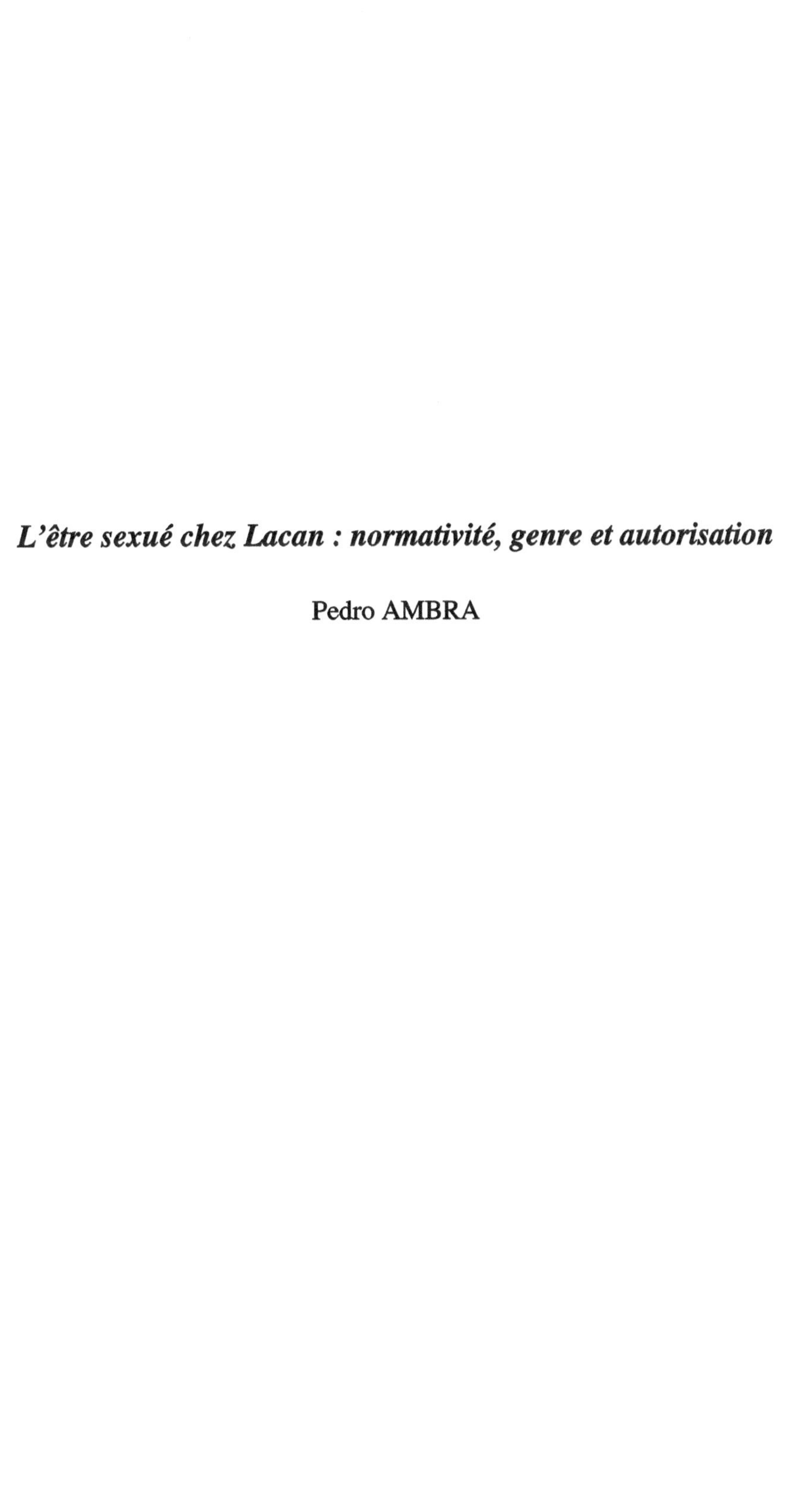

L'être sexué chez Lacan : normativité, genre et autorisation

Pedro AMBRA

CIP a Camerei Naționale a Cărții

Ambra, Pedro.

L'être sexué chez Lacan : normativité, genre et autorisation / Pedro Ambra. – Chișinău : Generis Publishing, 2020 (Print on demand). – 35 p.

Referințe bibliogr.: p. 31-34 și în subsol.

ISBN 978-9975-153-44-7.

159.964.2

A 45

Cover image: www.pixabay.com

Generis Publishing
Online orders: www.generis-publishing.com
Orders by email: info@generis-publishing.com

Sommaire

INTRODUCTION

Genre, normes et clinique[1]

La psychanalyse peut, depuis Freud, être définie comme une pratique qui subvertit le discours en vigueur, dans la mesure où elle souligne les impasses du sexuel face à l'illusion du contrôle de soi. De plus, il n'est pas hasardeux de dire que la psychanalyse se décrit elle-même comme un savoir subversif. Constatons ainsi qu'une bonne partie de la stratégie d'implantation de la psychanalyse dans la culture se fait à partir d'un discours dans lequel elle se positionne contre la norme. Le fait de se décrire comme une troisième révolution copernicienne par Freud et comme occupant la place donnée à ce qu'on qualifie d'excommunication de l'IPA à l'intérieur du lacanisme[2] ne sont que deux exemples d'une stratégie discursive qui suppose une analogie entre la subversion, qui est constitutive de la clinique et le lieu que le savoir psychanalytique occupe face à d'autres formes de connaissance.

L'idée dominante de la subversion est tellement diffusée au sein de la communauté analytique qu'elle nous prive maintes fois de la possibilité de critiquer le caractère conservateur de certains passages de nos auteurs canoniques, sans que cela implique une dévalorisation du savoir analytique. Un exemple d'une telle croyance à la subversion nécessaire de la psychanalyse peut être observé dans le malentendu improductif qui règne au sein des débats sur le féminisme et sur les théories de genre, étant donné qu'il empêche de souligner que, dans certains débats, la psychanalyse peut en venir à se positionner en tant que discours solidaire de la norme discursive en vigueur. « Les nouvelles figures du genre, sont présentes dans l'actualité de la sexualité depuis plus de trente ans, la société est interpelée dans ses lois, *la psychanalyse elle-même se trouve mise en question par le genre, dans ses fondements, dans sa pratique, dans son expérience.* »[3] Nonobstant, lorsque l'on considère, par exemple, la question des transexualités, il apparaît que la psychanalyse a de difficultés à penser un phénomène donné

---

[1] Ce travail résume des résultats d'une recherche de doctorat fait à en cotutelle entre Université de São Paulo et l'Université Paris Diderot, sous la direction de Nelson da Silva Jr. et Laurie Laufer. Je remercie ses ouvertures critiques et orientations fondamentales.
[2] Attal, 2010
[3] Bourseul, 2014, p. 139, nous soulignons

au-delà des composants identitaires qui circulent socialement. Autrement dit, du fait qu'elles suivent trop aveuglément l'idée que la transexualité serait nécessairement liée soit à la perversion soit à la psychose[4], certaines théories psychanalytiques semblent ignorer la distinction entre sémiologie et diagnostic structurel. De façon analogue, si chez Freud l'homosexualité n'est absolument pas un diagnostic – son insistance à souligner que la femme qualifiée de *jeune homosexuelle* n'était pas une névrotique est évidente, par exemple – pourquoi le phénomène *trans* le serait-il ?

Dans des textes tels que *L'interprétation des rêves*, *Le mot d'esprit et sa relation à l'inconscient* et *Psychopathologie de la vie quotidienne*, Freud cherche, justement, à donner un nom et à dévoiler certains mécanismes de ce que, en un mot, nous considérons comme *normal*. Il existe un type de rationalité analogue dans le tout récent et encore peu connu terme *cisgenre*. *Cis* est le préfixe latin opposé à trans, qui signifie "du même côté". Cisgenre peut ainsi être défini en termes généraux comme celui ou celle dont l'identité de genre correspond au sexe qui lui a été attribué à la naissance. Il s'agit, par conséquent, de l'opposé complémentaire des transgenres : les personnes *cis* sont des personnes qui ne sont pas *trans*. Remarquons qu'est ici en jeu une appellation qui dans le cadre de son propre exercice questionne l'idée de normalité et de nature, en dénonçant l'existence d'une norme de correspondance entre sexe (biologique) et identité sexuée (psychique). Il convient de signaler qu'il s'agit, en termes psychanalytiques, d'une différence dans la conformité d'une identification au corps et non aux modalités de choix objectaux. Ceci étant, par extension, nous pouvons définir la *cisnormativité* comme le maillon discursif qui marginalise les expressions de genre trans, en supposant que les modes de vie cis seraient plus "salutaires", "naturels" ou simplement "normaux". Mais quel serait le rapport entre normes et psychanalyse ?

L'analyse est un travail qui peut être précisément décrit comme un paradoxe par rapport à la norme. D'un côté, l'entrée en analyse est ce moment où l'individu se rend compte qu'il n'est plus maître dans sa propre maison et que, par conséquent, il y a une fracture de la norme de ce qu'était sa vie jusque-là ; mais de l'autre elle suppose un sens à son symptôme, elle

---

[4] Charles Melman, Colette Chiland et Jacques-Alain Miller, par exemple, ont fait des commentaires qui vont dans ce sens.

suppose qu'il y a en lui une logique interne, une espèce de régularité dans sa souffrance, bien qu'inconnue. Cette espèce de "norme inconsciente" possède différentes incidences : répétition, réel, *sinthome*, fantasme. Bien qu'il existe d'importantes distinctions entre elles, il s'agit de manières par le biais desquelles le sujet finit toujours par "revenir au même endroit", autrement dit comme quelqu'un qui en vient toujours à interpréter le monde et lui-même à travers la même lentille, ou encore quelque chose qui est extrêmement singulier et caractéristique d'une personne précise.

Et c'est en ce sens qu'il n'est pas possible que la psychanalyse soit cisnormative pour la simple raison que l'inconscient, dans le cadre de l'analyse, est l'instance qui fait imploser toute possibilité de norme partagée, étant donné qu'il instaure sa propre norme, qui est absolument singulière et qui, déjà chez Freud, ne reconnaît pas l'existence d'une distinction entre le masculin et le féminin, ce qui représente un dédoublement du principe général selon lequel l'inconscient n'a pas de reconnaissance de la contradiction. Autrement dit, il n'y a pas de cisnormativité possible dans l'inconscient, car chaque sujet vit et s'aliène – soit dans sa transexualité, soit dans sa cisexualité – d'une manière distincte. Et c'est précisément cette façon de se méconnaître qui intéresse le travail analytique, sans être à proprement parler, son objet.

C'est pour cette raison que pour l'analyste la façon dont l'individu se perçoit et se nomme lui-même importe peu, voilà pourquoi *cis* ou *trans* ne sont pas des questions évidentes. Ce qui s'avèrera en effet saillant dans une analyse c'est plutôt la position que le sujet occupe dans le discours de l'Autre et de quelle manière lui ou elle se trouve aliéné dans ce lieu[5]. Ceci dit, la question du genre dans une analyse ne passe pas par sa conformité ou non au corps biologique, mais en revanche par le fait de démêler les fantasmes qui protègent les sujets du réel sexuel, qui n'est pas biologique, mais *libidinal*[6]. Et cet exercice n'est possible qu'à partir de l'association libre, pratique qui suspend tout régime d'intelligibilité préalable en visant le fait

---

[5] Chez Lacan, il ne semble y avoir aucune solide indication montrant que l'Autre serait sexué, en dépit du fait qu'il puisse être constitué par le sexuel. Dans une note de bas de page de « Le moi et le ça », Freud précise, en ce sens, que l'enfant ne ferait pas de distinction entre le caractère sexué du père et de la mère, et qu'il vaudrait donc mieux se référer au début de l'Œdipe non à la mère, mais "aux parents".

[6] Rappelons qu'en termes de questionnement de la primauté du biologique, la psychanalyse et les théories de genre sont solidaires.

qu'il dénonce le *dit* en tant que support imaginaire d'un sens fixe partagé entre deux personnes, en le transformant en un *dire*[7]. Et ici nous pouvons reprendre l'un des plus déconcertants textes lacaniens, *L'étourdit*, développé à partir de l'affirmation qui, d'une certaine manière, condenserait l'impossible qui devient le moteur d'une analyse *"Qu'on dise reste oublié derrière ce qui se dit dans ce qui s'entend."*[8]

Ainsi une telle politique de parole souligne que c'est dans un contexte narratif, qui sera attentif non seulement au sens attribué aux paroles, mais, principalement, aux paradoxes qui en découlent, que ce que l'on suppose comme vérité doit advenir. Dans le cas contraire, nous nous aliénons en croyant trop aveuglément à la coïncidence du sens que nous donnons à une parole avec celui que nous supposons que d'autres personnes lui confèrent. Telle est, nous semble-t-il, un peu la problématique autour de l'adoption du Q (qui désigne *Queer* et questionnant) dans le sigle LGBTAIQQ: comment donner une identité à une catégorie qui questionne justement l'identité ? La sortie de Judith Butler consiste à souligner le caractère performatif des identités, qui sont avant tout des précipités de réitérations dans lesquels nous supposons des vérités[9]. La psychanalyse, qui n'est pas très éloignée de cette posture, fait le pari que la parole en association libre fait en sorte que le sujet commence par reconnaître l'existence de certaines normes de ses comportements et souffrances qui étaient auparavant tenues pour « normales ». Ce premier temps d'une analyse est une opération dans une certaine mesure analogue à l'invention du terme "cisgenre" : dénoncer une norme implique de la reconnaître, de la tirer d'un maillon discursif d'une naturalisation qui rend invisible. Cependant, la psychanalyse ne considère cette opération que comme un premier temps. A ce premier instant qui consiste à voir, elle en ajoute deux autres : un temps pour comprendre et un moment pour conclure. Les simples reconnaissance et dénonciation d'une soumission à une norme silencieuse ne sont pas suffisantes pour s'en abstraire, car à chaque fois que nous touchons à un mot, nous touchons à un

---

[7] Il est curieux d'observer comment l'une des revendications fondées des mouvements trans est précisément de disposer d'un *lieu de parole*, qui ne soit pas usurpé par des agents de discursivités hégémoniques. En ce sens, la clinique traditionnelle a beau être individuelle et (apparemment) non politique, le divan subvertit la logique traditionnelle de lutte pour la parole de la part d'un protagonisme *ad nauseam*, qui, à la limite, conduit au questionnement du lieu que, par hasard, on donne à l'Autre dans notre propre parole.
[8] Lacan, 1973.
[9] Butler, 2019

réseau : ainsi il ne suffit pas d'échanger une norme/mot, parce que cette dernière sera rapidement substituée par une autre dans une rationalité métonymique. Il ne s'agit pas ici de nous arrêter sur la question des mécanismes que la psychanalyse met en œuvre pour sortir de cette impasse, mais simplement de faire mention à la distanciation critique d'une norme doit être suivie d'une certaine méfiance, qui est double: il convient tout autant de s'interroger sur le statut de l'étrange familiarité de cette norme qui organise ses formes de souffrance (qui tout en étant propre au sujet, travaille cependant contre lui), que de pouvoir comprendre que nous n'y sommes pas toujours tous soumis. Dans le modèle freudien, une analyse n'a donc pour résultat que de réduire ce que l'on appelle "misère névrotique" à un malheur normal. Mais ici il convient de se poser la question : le malheur commun peut-il être normal ? De quelle notion de normal parlons-nous ?

C'est Georges Canguilhem qui a démontré de la façon la plus élégante que la relation entre santé et maladie n'est pas quantitative ni statistique, mais qu'elle ne peut être pensée qu'à partir de celle qu'entretient un être vivant spécifique avec son milieu. D'après cet auteur, la normalité est la capacité à créer de nouvelles normes face à des situations déterminées, tandis que le pathologique est l'état de fixation dans une norme spécifique. « Le vivant malade est normalisé dans des conditions d'existence définies et il a perdu la capacité normative, la capacité d'instituer d'autres normes dans d'autres conditions. »[10]

Rappelons que sa discussion n'est pas exclusivement biologique, mais part des débats psychiatriques de l'époque pour repenser la relation entre le normal et le pathologique comme un tout. En ce sens, ce qui correspond à l'environnement pour les organismes vivants, inclut aussi, pour l'être parlant, la dimension sociale et culturelle.

Pour Canguilhem, la normativité est ainsi la capacité, caractéristique de l'individu sain, à produire de nouvelles normes. Mais, pour en revenir à la psychanalyse, la question se complexifie dans la mesure où la maladie et la normalité ne sont pas des concepts psychanalytiques et ne peuvent le devenir, étant donné que, du point de vue strictement psychique, la santé n'existe pas. Mais si, pour de la psychanalyse, la santé n'existe pas, comment

---

[10] Canguilhem, 1966, p. 120

concevoir les « phénomènes de genre ». Est-ce que il y a une vrai différence entre des processus de subjectivation cisgenre et transgenre ?

Il faut dire que la non-adéquation au sexe qui nous a été assigné, à partir du moment où nous considérons que l'inconscient, n'est pas une caractéristique spécifique aux personnes trans, mais *à tout et n'importe quel être parlant*. Le Poulichet, en discutant la question de l'identité sexuelle, propose l'idée d'une *confusion inconsciente des corps*[11]. Mais notons que le hiatus entre le corps et sa représentation, en tant que constitutifs du psychisme, est déjà présent dès les premières descriptions sémiologiques de la conversion hystérique, par exemple. De même, une conclusion similaire pourrait être déduite de la théorie freudienne de la féminité : celle-ci se déclenche chez la jeune fille par une « perception d'un manque » d'un organe qui n'a jamais existé dans son corps, ce qui élève la non-adéquation entre le corps et sa représentation au statut d'une structure du genre féminin en psychanalyse. Et qui plus est, toute la grammaire des théories sexuelles infantiles n'a un espace que précisément parce que, *en ce qui concerne le corps sexué il n'y a pas de correspondance entre le réel de la pulsion, l'image spéculaire unifiée du moi et les signifiants qui marquent le corps.*

Ainsi, pour surprenant que cela puisse paraître, non seulement dans le contexte du traitement, mais aussi dans sa théorie elle-même, la psychanalyse dénonce le caractère pathologique de la « cisgénéricité ». La genèse d'un tel modèle critique apparaît dans la thèse sur la sexualité infantile polymorphe dans *Trois essais sur la théorie sexuelle*, dans laquelle Freud affirme à propos de la sexualité adulte qu'elle est liée à la sexualité infantile « il est en définitive impossible de ne pas reconnaître dans l'égale prédisposition à toutes les perversions ce qu'il y a d'universellement humain et originel »[12]. Gardons également à l'esprit que la théorie de la bisexualité primaire s'exprime non seulement au sujet du choix objectal, mais aussi de la constitution même de l'être parlant. Autrement dit, le sujet freudien est conçu au départ comme incompatible avec son corps sexué, du fait que la disjonction entre objet et fin de la pulsion en vient toujours à rétroagir sur le psychisme. Cette idée permet à Butler d'affirmer que chez Freud l'idée de *pulsion queer* est déjà présente, étant donné que son caractère est

---

[11] Le Poulichet, 2013, p. 138
[12] Freud, 1905, 127.

nécessairement contingent et non spécifique à l'objet. Le complexe d'Œdipe est peut-être le meilleur exemple permettant d'illustrer comment une identité sexuée est construite sur la base d'une aliénation contingente, qui se construit face à une négation du biologique, à partir du libidinal. Une telle théorie est également valable pour le complexe de castration, le complexe de sevrage et celui d'intrusion – concepts de nos jours quelque peu poussiéreux, mais qui ont été traités dans l'un des premiers textes écrits par Lacan, *Les complexes familiaux dans la formation de l'individu*. Il s'agit, d'un texte dans lequel, à ce sujet, Lacan insiste à diverses reprises et de façon récurrente sur le caractère culturel et historique de formations psychiques précises.

Une autre théorie centrale en termes de formation du sujet, le stade du miroir, constitue également une démonstration du fait que l'idée d'un moi enfermé qui se reconnaît dans une identité et un nom propre tarde relativement à se développer et est construite sur un leurre, sur un équilibre entre le moi, l'image de son corps et une dénomination qui vient de l'Autre. « Il y suffit de comprendre le stade du miroir comme une identification au sens plein que l'analyse donne à ce terme : à savoir la transformation produite chez le sujet, quand il assume une image »[13]. Des années plus tard, à l'occasion de son séminaire portant sur la théorie du moi, Lacan signalera que « que le moi est la somme des identifications du sujet, avec tout ce que cela peut comporter de radicalement contingent. Si vous me permettez de l'imager, le moi est comme la superposition des différents manteaux empruntés à ce que j'appellerai le bric-à-brac de son magasin d'accessoires. »[14]

C'est-à-dire que le moi, qu'il soit cis ou trans, est constitué sans un noyau dur de vérité, il s'agit toujours d'un bricolage d'identifications, c'est toujours ce que le sujet peut faire de mieux avec la série d'identifications qui donnent l'illusion d'une personnalité fermée et exclusivement identique à elle-même. Si l'on se souvient que l'une des définitions les plus capitales que Freud donne de l'ego, dans « Le moi et le ça » est celle d'une *projection d'une surface corporelle*, il est clair que cette projection est déjà le signe d'un travail psychique face au corporel et pas simplement une déduction symétrique.

---

[13] Lacan, 1949, p. 94.
[14] Lacan, 1954-1955, p. 187

De la sorte, la psychanalyse est diamétralement opposée et paradoxalement solidaire de la dénonciation faite par les mouvements sociaux concernant la cisnormativité : si ces derniers s'efforcent de montrer que les transidentités sont des expressions normales de différentes subjectivités et non des maladies, la psychanalyse insiste au contraire sur l'idée que toute construction identitaire est pathologique. Le divan est l'unique lieu où le supposé représentant d'une santé universelle – l'homme jeune blanc cisgenre et hétérosexuel – est pathologisé, dans la mesure où, là, la norme qu'il suit en silence, sera remise en question, sans qu'il s'en rende compte. C'est là que réside l'égalité radicale que la psychanalyse suppose chez tous les sujets parlants : nous sommes toujours et tous également, emprisonnés dans les modalités pathologiques des fictions que nous construisons sur nous-mêmes. Mais s'on est déjà loin d'un paradigme pathologisant pour penser le genre, à partir de quels coordonnés peuvent des processus d'assomption de la sexuation être conçus ? Avant de présenter notre problématique de recherche, il faut mieux localiser la façon dont le genre se présent dans la société aujourd'hui et quel serait son contexte de naissance conceptuelle.

La question de l'identité

Quelles sont aujourd'hui les principales demandes sociales en matière de sexualité ? Afin de répondre à cette question je me base sur la culture brésilienne, mais je suis certain que bien que différentes, en France, elles présentent cependant des points communs. Nous nous contenterons d'envisager deux exemples. Le premier est la soi-disant « SlutWalk », terme qui signifie littéralement « marche des salopes ». Il s'agit de manifestations diverses organisées – au niveau mondial – par des collectifs féministes qui mettent l'accent sur la mise en cause du droit des femmes (droit de ne pas être violées, à l'avortement, d'avoir des salaires équivalents à ceux des hommes, de s'habiller comme elles le souhaitent etc.). Ces exigences, assez légitimes, méritent d'être analysées ici à partir de la modalité de leur réclamation publique. Cela va au-delà de la simple affirmation et de la positivation d'un terme péjoratif (comme *queer* en anglais), mais débouche en effet sur la défense d'une identité totale qui unirait l'ensemble des femmes sous un même drapeau.

Deuxièmement, intéressons-nous maintenant aux mouvements et groupes de défense des droits des minorités sexuelles. L'acronyme LGB (lesbiennes, gays et bisexuels), publié en langue anglaise dans les années quatre-vingt est de nos jours considéré par des militants comme très conservateur. L'une de ses dernières reformulations est LGBTAIQQ - lesbiennes, gays, bisexuels, transgenres, asexués (ou agenres), intersexués, *queer* et en questionnement.

Notons que cette expansion de revendications se produit en termes d'une multiplication d'identités. Si l'acronyme qui concerne LGB serait lié à des orientations sexuelles diverses, les TAIQQ sont correctement liés au genre – ou à *l'identité* sexuelle, une telle terminologie étant la plus acceptée dans le monde francophone, du fait qu'elle met précisément en jeu la nature de ce dont il s'agit. Il existe même une tentative, disons, d'« *identitarizer* » ces catégories de *queer*, en questionnement, intersexes et agenre, qui ne peuvent pas être définies exactement par une cohésion et une identité.

Cependant, si tout cela peut sembler une exagération des mouvements sociaux, prenons un outil qui pour beaucoup d'entre nous est devenu présent presque tous les jours: Facebook. Ce média social américain a récemment ajouté de nouvelles catégories de genre. Ainsi, lorsqu'il renseigne son profil, l'utilisateur peut se définir comme homme, femme, transsexuel, genre fluide, femme vers homme, Bispirituel, Allosexuel, Fille cisgenre etc. Il existe au total - dans la liste anglophone – cinquante-huit possibilités d'identités de genre. En portugais, nous avons timidement dix-sept options, tandis que sur le Facebook français les options abondent au point d'atteindre le nombre de soixante-dix. Certains pays ont-ils plus d'identités de genre que d'autres ?

De nombreux autres exemples existent pour illustrer notre propos : l'explosion des revendications de chirurgie de réattribution sexuelle ; un autre drapeau pour les mouvements trans, contrairement au célèbre drapeau arc-en-ciel ; la véritable guerre entre les militants trans et certaines féministes radicales qui ne considèrent pas comme des femmes, celles qui ne sont pas nées avec un utérus. Mais qu'ont-ils tous en commun ? Le rôle central que l'identité y joue. Il s'agit de combats, d'horizons et de visions du monde qui doivent maintenant être traduits et pensés en termes d'identité.

Cependant il convient de préciser que « l'empire de l'identité » ne s'en tient pas aux questions de genre, mais plutôt qu'il peut en être un exemple privilégié. Le sociologue Manuel Castells, dans son livre *Le pouvoir de l'identité*, montre comment cette dernière paraît aux yeux de la société une sorte d'effet incontournable de la - à présent presque démodée - mondialisation. En d'autres termes, la circulation de plus en plus rapide, intensive et en nombre, de personnes, de biens et d'informations, ne semble pas avoir fait du monde une communauté unie, mais avoir, à l'inverse, encouragé les processus identitaires. Certains chercheurs, à l'image de Charles Taylor, de Norbert Elias, d'Antony Giddens, et d'Erving Goffman, se sont arrêtés plus particulièrement sur la notion d'identité. Au sein de la psychologie sociale la plus pragmatique, aussi bien que chez les penseurs les plus innovants des théories postcoloniales, c'est l'identité qui apparaît (parfois avec confiance, d'autres fois avec méfiance) comme le personnage central.

La vulgarisation de ce concept à partir des années quatre-vingt paraît indiquer que c'est un opérateur qui fonctionne extrêmement bien en ce qui concerne soit les questions dites individuelles, soit celles sociales. De plus, il semble que c'est l'identité qui peut le mieux, de nos jours, articuler l'individu et le social. D'après ce que je considère comme ma seule trace en tant que sujet parlant, dans le document que je porte sur moi, les caractéristiques de ma communauté, ma couleur, mon sexe, mes opinions politiques, la définition d'occidental, d'oriental, de tiers monde, bref, tout ce qui va du plus intime au plus général, peut être décrit aujourd'hui autour de cet opérateur unique.

À mon avis, ce concept est, semble-t-il, devenu populaire, au niveau individuel - tous l'ayant à la bouche -, comme à celui des sciences humaines, car il exprime les conditions de pensée d'un problème spécifique à notre époque ; tout comme, pour Foucault, la catégorie de « l'homme » au dix-huitième siècle, ou celle de la « sexualité » à la fin du siècle dernier. Il semble que l'identité commence à occuper une place centrale dans notre rationalité, mais évidemment les autres formes n'ont pas été dépassées ni oubliées. Au-delà de cela, notre objectif n'est pas de proposer ici une nouvelle *épistémê*. Cependant, il semblerait qu'aujourd'hui pour comprendre « l'homme », il ne faudrait pas se contenter de tenir seulement compte de sa dimension sexuelle, mais considérer également son identité dans le sens de narratif qu'il donne à son propre moi, soit individuellement, soit au sein de la communauté.

Cependant, pour en revenir à la question de la sexualité, nous soutenons que la popularité du concept de genre tient précisément au fait qu'il s'agit de l'identité. La notion de « rôle de genre » [gender role] – qui a été proposée par John Money dans les années cinquante, dans le milieu du culturalisme américain – semble aujourd'hui anachronique en raison de sa re-description en termes d'identité. Pour John Money, le « rôle de genre est établi d'une manière très similaire à une langue maternelle. »[15]. Loin de la notion structuraliste de la langue ou du langage, l'auteur soutient que dans ce rôle, il y aurait un apprentissage au sens de comportement, à la façon de la *tabula rasa*, et qui n'a même pas encore été envisagé par le béhaviorisme, à peine né et encore plus sophistiqué de B.F. Skinner.

Ainsi, il est important de rappeler quel était le contexte de la proposition de la notion d'*identité de genre*. Cette dernière, en effet, n'a pas été proposée par un chercheur en sciences sociales, ni une féministe, ni un activiste. L'expression « identité de genre » a été inventée en 1964 par Robert Stoller, un psychanalyste américain qui a étudié les hermaphrodites et les transsexuels. Patient de Hanna Fenichel, Stoller était membre de la Société Psychanalytique de Los Angeles et l'un des chercheurs cliniques les plus connus de la côte ouest américaine. Stoller - bien qu'inséré dans le contexte de la *psychologie du moi* - a développé le concept d'identité de genre précisément pour s'opposer au constructivisme radical de Money.

Ce qui peut aujourd'hui sembler naturel, représentait à l'époque l'introduction d'une différence importante. Il y aura désormais d'un côté, la *sexualité*, comprenant les actes, positions, désirs et fantasmes que le sujet possède et exerce et de l'autre, l'identité de genre, se référant à une, selon les propres mots de Stoller, « masse dense de convictions. »[16] Cette séparation permettra, par exemple, une compréhension de l'homosexualité très différente de celle jusqu'alors en vogue, traduite comme une tentative narcissique d'appartenir au sexe opposé. Cette initiative créera, après tout, une tripartition de ce qui jusque-là a été envisagé uniquement à la lumière de la notion de *sexe*. Nous avons ensuite (1) l'identité de genre, (2) le choix d'objet (ce qu'on appelle la sexualité ou l'orientation sexuelle) et, enfin, (3) le sexe biologique.

---

[15] Money et al., 1955
[16] Porchat, 2014

Stoller soutient l'idée que l'identité de genre n'est ni une simple donnée naturelle non controversée, ni une construction culturelle. Il s'agirait plutôt d'une identité produite à partir de trois forces. Selon ses termes :

> L'identité de genre semble être produite dans les êtres humains normaux par les éléments suivants : premièrement, *l'anatomie et la physiologie des organes génitaux externes*, par lesquelles sont signifiées l'apparence et les sensations des organes génitaux externes, visibles et palpables; en second lieu, *les influences attitudinales* des parents, des frères, sœurs, et leurs pairs. [...] [Le] troisième déterminant est une *force biologique* qui, bien que cachée du conscient et du préconscient, semble néanmoins fournir une partie de l'énergie pulsionnelle pour l'identité de genre.[17]

En ce sens, la différence anatomique entre les sexes, ce qui pourrait être considéré par certains commentateurs de Freud comme un seul déterminant dans la subjectivité de la différence sexuelle, n'est ici que l'un des facteurs qui composent l'identité de genre. Bien que dans les deux cas entrent en jeu non seulement les organes génitaux externes dans leur caractère concret, mais également la construction faite sur eux.

Nous pouvons déjà constater ici que le genre, pour l'auteur américain, n'était pas du tout un apport culturel ou environnemental, comme il avait pu le penser Money dans le cadre de ses rôles de genre. Chez Stoller, c'est la découverte d'une identité préœdipienne qui était en jeu, ainsi que le postulat - dans la foulée de Ralph Greenson, d'Helène Deutsch et d'Ernest Jones – selon lequel à cause d'un premier contact avec la mère, la féminité serait une identité première dont le sujet masculin devrait s'éloigner. Contrairement à l'hypothèse freudienne d'un "pas de plus" dans le complexe d'Œdipe pour les femmes, la construction de l'identité masculine serait donc plus laborieuse que celle de la femelle. Ainsi, si le concept d'identification œdipienne ne sert pas pour Stoller à penser ce qui se passe dans la formation de l'identité de genre, un autre concept est alors invoqué, à savoir, l'empreinte [imprinting]. Il convient d'observer comment, face à l'impasse métapsychologique, l'auteur donnera une réponse (très) hétérogène. Stoller cherche dans

---

[17] Stollet, 1964

l'éthologie des arguments également susceptibles d'expliquer psychologiquement ces phénomènes, plutôt que de protéger ses idées d'un constructivisme radical. Ce cadre théorique a permis à Stoller d'expliquer ce qui se passait chez les transsexuels qu'il avait étudiés : pour une raison quelconque, dans un rapport précoce, l'enfant s'est identifié pré-œdipiennement au parent du sexe opposé, si bien que le sexe biologique ne coïncide pas avec le genre.

Pour Stoller – de même que pour l'écrasante majorité des psychanalystes - la transsexualité est une entité pathologique. Même chez les lacaniens et dans leur complexe cadre conceptuel, on ne pouvait, dans ces cas, avancer autre chose que de pauvres citations spécifiques à Lacan sur la forclusion. Cependant, cela devient très difficile à soutenir que ce soit face aux nouvelles désignations de genre elles-mêmes ; à l'expérience clinique de cas transsexuels ; ou aux théories qui déconstruisent l'auto-évidence de la liaison entre les sexualités qualifiées d'anormales et la condition pathologique.

Mais comment alors peut-on concevoir ce type de question chez Lacan au-delà de son héritage psychiatrique non avoué ?

LA SEXUATION CHEZ LACAN

Problématique

Notre démarche part la constatation de ce qu'il existe une distance considérable entre l'expression de phénomènes liés à l'identité sexuelle dans la contemporanéité et la façon dont les outils théoriques sont disposés à l'intérieur du champ dit lacanien. Autrement dit, notre thèse se construit autour d'une certaine méfiance envers les discours présumant que, sur les questions de genre, Lacan a déjà tout dit et aussi à partir de l'hypothèse de ce que la théorie lacanienne recèlerait d'autres façons de repenser la sexuation.

L'identité est aujourd'hui une question centrale et, sociale et conceptuellement, le genre en est une des expressions privilégiées. Or, si une grande partie des demandes de la communauté LGBTAIQQ semblent précisément s'organiser autour de la défense de l'existence et de la légitimité de ces identités, comment la psychanalyse pourrait-elle penser cette question, alors même qu'elle opère avec une théorie du sujet qui, depuis Freud, critique la primauté de la conscience aussi bien que l'identité du moi avec soi-même ? D'ailleurs, comment pourrait-on entreprendre une telle discussion à partir de la théorie lacanienne de la sexuation, s'il s'agit précisément de réflexions sur la critique du principe d'identité aristotélicien ?

Ce problème peut-être abordé en prenant la notion *d'identification* comme *méthode*, puisqu'elle fournit une manière de dialectiser deux pôles de la théorie psychanalytique : d'un côté, le noyau pulsionnel, *pas-tout* et contingent, de l'autre, celui d'une aliénation, de la nécessité et de la constitution subjective même. L'identification constitue donc une charnière méthodologique permettant de discuter cette frontière et, à la limite, les coordonnés du *choix sexué* des *parlêtres*.[18]

Bien qu'il existe des différences importantes et significatives entre les théories du genre et la psychanalyse, il semble qu'il y a une question

---

[18] Lacan, 1973-1974, p. 187

commune qui les unifie : *comment devient-on sexués* ? Quel est le processus par lequel un être bisexuel, avec des tendances perverses-polymorphes, s'aliène dans une identité sexuelle ? Du côté de la psychanalyse, les deux théories les plus souvent évoquées par les lacaniens face au mystère de l'être sexuel, semblent d'abord se référer à d'autres problèmes conceptuels. D'une part, *l'Œdipe structurel* est une description générale de l'entrée du sujet dans le langage et non un processus de sexuation. L'Œdipe ne produit pas des hommes et des femmes, mais des névrotiques, des psychotiques et, peut-être, des pervers. D'autre part, *les formules de la sexuation* présentent deux formes différentes de jouissance, de positionnement face au langage et d'impasses de la soumission à la loi phallique. Cependant il ne s'agit pas de la description d'un processus, ni d'identités sexuelles elles-mêmes. Par exemple, Lacan classe Saint Jean de la Croix comme du côté du pas-tout des formules – c'est-à-dire féminin – sans que cela implique de le concevoir, par exemple, comme un transsexuel.

Y a-t-il dans la psychanalyse une théorie de l'identité sexuelle ? On peut argumenter que son opérateur théorique privilégié pour penser ce problème serait celui de *l'identification*. Concept qui, au long de l'œuvre de Freud, a essentiellement trois incidences : l'une est *la formation symptomatique* (Mélancolie, toux de Dora) ; l'autre est *la constitution subjective* (identification primaire et secondaire au père, que conduit à la constitution du surmoi) et la troisième est le *lien à l'autre* (ladite identification du pensionnat freudien, dans le contexte de la foule.). Mais aucun d'eux ne porte spécifiquement sur le processus de sexuation. Freud lui-même n'a jamais utilisé le expression d'« identification sexuelle ».

Même chez Lacan, l'idée d'une *identification sexuelle* est tardive, présentée seulement en 1971 et très rapidement remplacée par la notion *d'identification sexuée*[19]. Ce changement semble souligner que dans les années 70 Lacan prévoit déjà que l'un des grands défis théoriques auxquels la psychanalyse serait confrontée serait lié non à une gestion de jouissance parmi les différents choix d'objet, mais bien à l'identité sexuée, voire de genre. Néanmoins, Lacan n'a jamais vraiment exploré cette idée et nous a abandonné la réflexion sur le statut de ce que serait tel processus d'identification sexuée.

---

[19] Lacan, 1973-1974.

Notre travail cherche, ainsi, à poser des bases pour élaborer une notion d'*identification sexuée* chez Lacan à partir de la théorie de la sexuation présentée dans le séminaire *Les non-dupes errent*, condensée dans l'aphorisme « *L'être sexué ne s'autorise que de lui-même et de quelques autres.* » [20] Le texte sera divisé en quatre discussions. Chacune est articulée autour d'une occurrence différente de la notion d'identification chez Lacan, laquelle renvoie à l'une des quatre instances du nœud borroméen, présentées dans le séminaire R.S.I.

Réaliser la sexuation : des formules à l'autorisation

A partir d'une analyse des points centraux des *formules de la sexuation* à partir de Lacan ou de commentateurs, une espèce d'impasse semble surgir de l'utilisation de ce schéma pour les questions liées au genre : si l'on prend ses formules pour cadre logique remettant effectivement en cause l'identité aristotélicienne classique, l'on ne saurait les référer aux catégories « homme » et « femme » sans aboutir à une transcendantalisation de la différence sexuelle binaire. Autrement dit, la plus grande richesse conceptuelle des formules ne peut être explorée qu'à partir de la constatation de l'échec et de l'émancipation de ces deux catégories pour penser l'inexistence du rapport sexuel. Sinon, le cadre de la sexuation ne serait que la formalisation d'un dualisme hétéronormatif qui ne tient pas face à l'expérience.

La lecture du séminaire *Les non-dupes errent* permet d'ériger la proposition axiale de notre thèse autour de l'axiome « *L'être sexué ne s'autorise que de lui-même et de quelques autres* » dans la mesure où il présente et condense, à ce moment de l'enseignement de Lacan, une théorie de l'identification sexuée qui non seulement suit des positions présentées auparavant mais encore apporte des questions nouvelles aux coordonnés classiques selon lesquelles la différence sexuelle est conçue chez Lacan. Le contexte d'émergence de cette nouvelle lecture de la sexuation nous donne des éléments pour appréhender un processus d'identification qui se concrétise dans la tension entre un choix du sujet et son insertion dans une *communauté*. De plus, on peut même rencontrer, dans les derniers

---

[20] Ibid. p. 187.

séminaires, une théorie de l'identification jusqu'alors ignorée, celle de *l'identification au groupe.*

Cette construction se fonde sur l'analogie, faite par Lacan, de ce processus avec celui de la formation de l'analyste[21] et sur l'occurrence de ladite *identification au groupe.*[22] D'ailleurs, Lacan souligne que l'homosexualité ne serait « ni d'un côté ni de l'autre »[23] des formules, et qu'elle n'est guidée que par la logique de l'autorisation de soi-même et de quelques autres.

Néanmoins, il s'agit d'une notion de groupe sensiblement distincte de la foule décrite par Freud, organisée par l'unification et la ségrégation, dans la mesure où Lacan assure « qu'un groupe, c'est *réel.* »[24]. Ainsi avons-nous rassemblé plusieurs définitions de réel se situant au-delà de la différence sexuelle binaire pour, à l'aide de la notion de *lettre*, analyser la dite prolifération identitaire supposée dans le mouvement LGBTAIQQ. Force est de constater que – loin de constituer des défenses phalliques contre le réel de la différence sexuelle – cette inscription vise justement l'impossible du sexuel en instituant un horizon de *contingence*, étant donné que, à la limite, de nouvelles lettres sont toujours prêtes à surgir et à se réarranger, dans un mouvement échappant aux lois symboliques et aux fixations imaginaires. Cette idée se soutient, d'un côté, de la proposition selon laquelle le réel *émerge historiquement*[25] et, de l'autre, de l'exposition du caractère contingent dans ce *quelques*, qui ouvre à l'infini l'ensemble *autres*. Ainsi, en concevant l'identification sexuée par cette visée du réel, propose-t-on que le sujet s'identifie aussi au trou du groupe et à l'horizon de sa propre dissolution.

Impasses du symbolique

On peut s'orienter maintenant par la notion *d'identification symbolique*. Lacan a proposé, au sein de son virage structuraliste, une

---

[21] Ibid., p. 188.
[22] Ibid., p. 202.
[23] Ibid., p. 188.
[24] Ibid., p. 190.
[25] Ibid.

association forte entre la différence sexuelle et la notion de *signifiant*.[26] De ce fait, « Homme » et « Femme » sont des signifiants ayant des effets de signification par leur opposition réciproque et complémentaire. Ce type de notion de genre a guidé le psychanalyste dans son séminaire sur les psychoses, lors de la discussion d'un cas clinique d'hystérie traumatique, qui le mène à conclure que la question fondamentale, pour cet homme et son fantasme de grossesse, serait « est-ce que je suis une femme ? »

Dès lors, il faut construire une autre analyse à partir de la lecture du cas original[27] où la question du sujet orbite non plus autour de son genre, mais de son fantasme infantile de procréation anale. Ce type de lecture est possible du fait que, dans sa grammaire, le signifiant « homme » ne s'oppose ni à « enceinte » ni à « femme », ce dernier étant référé au signifiant *Luststörerin*, rabat-joie. Ainsi, ce cas en fait conteste plus la thèse lacanienne selon laquelle « homme » et « femme » sont des signifiants signifiés mutuellement plus qu'il ne la confirme.

Toutefois, en reprenant la notion de *système symbolique* saussurien et des définitions ultérieures de signifiant chez Lacan, il nous a été loisible de tisser un autre réseau conceptuel pour les identifications sexuées. On peut d'abord voir que la naissance de la notion de « grand Autre » a effectivement eu lieu à partir de l'idée de « *grands Autres* », soit d'une altérité radicalement symbolique certes, mais *plurielle*[28]. Ce même type de rationalité nous a permis de revisiter et de densifier la notion de *constellation symbolique,*[29] ce qui se résume en l'idée selon laquelle plus que le contenu de chaque élément du système (ou son pair oppositionnel fixe, préalablement établi), c'est la *position* que chaque élément occupe face aux autres qui est pertinente pour donner des coordonnés de son identification. De même, l'idée de *constellation signifiante*[30] consolide une lecture selon laquelle les identifications sexuées ne seraient pas bien mises en lumière par le cadre duel d'opposition entre « homme » et « femme », comme le voulait Lacan, mais justement par un *système de transformations*[31] structurel.

---

[26] Voir Lacan (1955-1956, p. 227); (1957, pp. 503-504); (1957-1958, p. 203).
[27] Eisler, 1920.
[28] Lacan, 1954-1955, p. 331
[29] Lacan, 1953-1954, p. 81.
[30] Lacan, 1956-1957.
[31] Ibid., p. 310.

Le rapprochement entre les notions de *constellation* et de *complexe*[32] nous mène aussi au texte « Les complexes familiaux dans la formation de l'individu » et à la reconnaissance d'une posture, chez Lacan, qui voit le rôle central de la culture dans l'installation et la configuration des complexes articulant le rapport entre le sujet et la réalité. Une telle insistance sur la primauté de la culture face aux instincts, à l'intérieur même de l'arsenal théorique lacanien,[33] renforce une position méthodologique d'articulation entre les discours sociaux et la constitution du sujet.

Cette analyse a permis de constater un processus épistémologique *d'œdipianisation du complexe* au long des années 1940 et 1950 chez Lacan, puisque, en 1938, l'Œdipe n'était qu'un complexe familial parmi d'autres, lié à un déploiement culturel, et presque secondaire par rapport aux complexes de *sevrage* et d'*intrusion*.[34] On a aussi proposé quelques critiques de l'Œdipe conçu à partir des années 1950, notamment des dites assomptions au type « viril » et « féminin ».[35] Bien que du point de vue de la configuration du désir et des structures cliniques l'on retrouve dans l'Œdipe d'inspiration structuraliste un processus effectivement symbolique, en ce qui concerne la sexuation, son rôle ne serait que de confirmer et de conformer, dans la névrose, l'identité à l'anatomie.[36] Nous avons donc proposé une théorie concevant le complexe de castration non plus sur les bases de l'Œdipe, mais sur la dialectique de la reconnaissance de la différence sexuelle dans l'autre, que Lacan n'a souligné qu'en 1971.[37]

Pour mieux explorer la proposition lacanienne sur le rôle fondamental du groupe social face aux processus de sexuation, une nouvelle lecture de *Les structures élémentaires de la parenté*,[38] peut démontrer que la notion de *loi* chez Lévi-Strauss est inséparable d'une discussion sur les *normes* : la seule loi universelle de la parenté serait donc celle qui reconnaît que toute société dispose de normes sociales *distinctes* pour la formation d'alliances.

---

[32] Lacan, 1936, p. 93.

[33] Lacan, 1938, p. 33.

[34] Ibid., p. 59.

[35] Lacan, 1957-1958.

[36] Il s'agit, dans ce contexte, d'un complexe ayant une fonction normative par rapport à la réalité, à la structure morale du sujet et à l'assomption de son sexe. (Lacan, 1957-1958, p. 170).

[37] Lacan, 1971, p. 30.

[38] Lévi-Strauss, 1947.

En outre, la prohibition, qui joue un rôle fondateur pour le symbolique chez Lacan, est *secondaire* par rapport aux normes locales de *formation de groupes*, chez Lévi-Strauss.

Au vu tant des spécificités des constitutions de nouvelles identités de genre que de la notion de norme au cœur même d'une des bases structuralistes de Lacan, on peut reprendre la discussion d'une autre perspective : celle de la distinction entre *normativité* et *normalisation* chez Georges Canguilhem.[39] La normalisation peut être décrit comme le caractère social de l'imposition des limites de variabilité et la normativité comme une activité vitale d'instauration de nouvelles conditions de vitalité. La construction de cette rationalité prenant la possibilité de variation pour centre de la structure converge dans notre lecture du rapport entre loi et norme chez Lévi-Strauss, avec l'idée de constellation symbolique et du complexe comme structures aux contenus variables. Les commentaires de Judith Butler et Michel Foucault sur Herculine Barbin peuvent exemplifier comment, en brisant la normativité vitale qui localisait Herculine dans la constellation d'autres soutenant son complexe, une normalisation médico-juridique instaure une souffrance d'indétermination causée par le bouleversement de l'identification qui garantit les conditions de possibilité de ses liens sociaux.

Nous pouvons encore présenter une discussion sur les notions d'altérité chez Butler et Laplanche et leurs dialogues possibles avec Lacan. Dans ses réflexions, Lacan – au séminaire de 1961-1962 consacré à l'identification – opère une réduction de toutes les formes d'identification décrites par Freud dans le chapitre 7 de *Psychologie des masses et analyse du moi* à l'identification par le trait unaire. Ce qui était chez Freud une modalité de formation symptomatique, devient chez Lacan la forme la plus élémentaire de l'identification. De plus, le trait unaire serait à partir de ce moment le soutien du signifiant en tant que tel, dans une discussion qui va même finir par changer le statut de la notion de lettre. De toute façon, il est important de se rappeler que ce qui donne la possibilité d'une telle discussion du trait unaire dans ce séminaire c'est précisément la critique du principe *d'identité*. Si la théorie du langage sur laquelle se base la psychanalyse est structuraliste, par principe, il n'y a pas identité entre signifiants, même si apparemment ils seraient égaux. Voilà pourquoi, lorsque nous disons « La

---

[39] Canguilhem, 1966.

guerre est la guerre », nous ne sommes pas dans le domaine d'une tautologie, parce qu'il y a un sens qui émane simplement du fait que les deux guerres ne sont pas le même signifiant : ce qui définit un signifiant est sa position en tant que sujet pour un autre signifiant, qui, par rétroaction, nous fait supposer un sens. Le trait unaire peut donc être conçu comme cette unité minimale de différence dans la répétition d'une part, et l'égalité dans la différence, d'autre part. Cette idée conduira Lacan à la présentation d'une de ses premières incursions topologiques, à savoir l'idée que la structure du sujet est la structure d'un tore.[40]

Les petits tours à l'intérieur du tore sont ce que Lacan appelle « l'unaire de la répétition », dans le contexte de la demande. Par exemple, à un stade donné du développement, les enfants ne cessent pas de demander « pourquoi » aux adultes. Cette répétition incessante qui est en même temps différente quant à leurs objets, mais égale dans sa performance, a une structure unaire. Aucune réponse satisfera l'enfant car sa demande se constitue autour d'un désir – ce trou central – en tant qu'instance radicalement négative et extérieure, mais qui en même temps, constitue le sujet. Le mantra lacanien par lequel l'analyste ne doit pas répondre à la demande traite justement du fait que l'analyse se débrouille par le désir et donc l'abstinence analytique vise à signaler ce qui a de réel dans les répétitions symptomatiques du sujet.

Mais qu'est-ce que tout cela a à voir avec l'identité sexuée ? La philosophe américaine Judith Butler est devenue une référence essentielle pour les études de genre après la publication de *Gender Trouble* en 1990.[41] Son sous-titre, parfois oublié, c'est *féminisme et la subversion de l'identité*. Butler décrit les impasses des subjectivités et les politiques qui sont basées sur l'identité, identité entendue comme une essence qui unifierait toutes les femmes sous la bannière du féminisme. D'une manière complètement différente de Lacan, dans une certaine mesure, Butler semble en venir à la même conclusion, à savoir, qu'il n'y a pas « la femme » en tant que telle. Cependant, d'un point de vue politique Butler semble être plus radicale dans la mesure où *aucune identité sexuée n'existe en tant que substance figée*. Butler critique, aussi, l'utilisation de la notion « d'identité de genre » en tant

---

[40] Lacan, 1961-1962.
[41] Butler, 1990.

qu'ontologisant. Pour l'auteure le genre ne serait pas une essence masculine ou féminine socialement construite, mais surtout une illusion créée à partir de réitérations performatives. Si cette idée semble trop abstraite, prenons un exemple similaire au sein de la psychanalyse, la théorie de l'acte analytique. Le psychanalyste n'est pas une identité fermée, identique à elle-même, mais plus précisément une *fonction*. L'effet d'un acte analytique va au-delà du moi de l'analyste et – comme toute intervention – n'est pas anticipé ou contrôlé, mais constitue l'opération par laquelle une contingence devient nécessaire et fait de cette personne un analyste, dans l'après-coup. Logiquement, donc, l'acte précède l'analyste, qui est plus l'effet que la cause. Dans cette même logique, Butler entend donc aussi le genre comme le résultat d'une série d'actes performatifs qui créent à un moment donné une apparence de stabilité et se cristallisent en une identité.

Il convient de souligner une critique que la psychanalyse pourrait faire à Butler qui, dans sa réflexion, semble ignorer la portée du grand Autre par rapport à la performativité. En d'autres termes, même si on prend l'idée butlerienne selon laquelle les sujets quotidiennement performent leur sexe, il faut ajouter aussi que toute performance se fait nécessairement vers une altérité radicale. Il n'y a pas de théâtre sans public. Cependant, par ailleurs, on peut aussi adresser une critique à Lacan car, dans le contexte de l'identification unaire, ses développements semblent ignorer le statut de l'identité sexuée. De manière étonnante, dans le séminaire consacré à l'identification il n'y a aucune référence qui traite de la sexuation à la lumière du trait unaire, du tore, etc.

En supposant que ces deux modèles - le sujet comme tore et le sexe comme acte performatif - ne sont pas incompatibles, mais complémentaires, on peut faire synthétiquement une première définition opérationnelle de identification sexuée à partir des discussions chez Buter et Lacan dans le contexte de cette discussion au niveau du symbolique.

Au départ, l'identité de genre ne serait pas la simple correspondance psychique de la différence anatomique, ni une essence ou une construction sociale, mais pas non plus le résultat du complexe d'Œdipe, car « on n'attend pas du tout la phase phallique pour distinguer une petite fille d'un petit garçon, ils sont pas du tout pareils. »[42] Ainsi, à partir de Butler et Lacan, on

---

[42] Lacan, 1971, p. 28.

peut définir le genre comme étant *une réponse au désir de l'Autre*. Dans le contexte de l'entrée dans le langage, il est impératif de se rappeler que nous nous constituons en tant que sexués toujours *pour quelqu'un* et, plus précisément, pour remplir ce qui on suppose être le désir (inconscient) de cet Autre. L'identité de genre qu'on reconnaît dans le petit garçon, par exemple, peut être repensé comme une réponse d'un sujet parlant au désir parental, et non comme une donnée « naturelle ». Le genre a ainsi une structure moebienne : il s'agit d'une réponse endogène à un désir exogène.

D'autre part, c'est à partir de la demande (décrite par le trait unaire dans sa répétition) que le sujet cherche à répondre au désir de l'Autre. Or, si l'on définit l'identité de genre comme une réponse au désir de l'Autre, il y a une dimension de la demande propre au genre, liée à ce que Lacan appelait « répétition unaire ». Cette répétition de l'unité minimale du signifiant peut être décrite avec précision à partir de la réitération performative de Butler, en ce que tous les actes quotidiens – liés au corps, à la parole, au désir - portent la dimension du genre lui-même. Et ce serait précisément cette répétition qui constituerait le sujet sexué et non pas une identité à priori. Ainsi, l'identité de genre serait constituée comme une demande de reconnaissance performée et aliénée dans le désir de l'Autre, et qui précipite son apparente fixité dans l'après-coup. Et c'est ici que la place du corps doit être située. L'anatomie n'est pas une vérité en soi, mais aura son importance mesurée par la place qu'il occupe dans le désir et le discours de l'Autre. L'histoire montre que la soi-disant « différence sexuelle », qui n'est née qu'au XVIème siècle, commence à considérer que les êtres parlants sont divisés en deux sexes à partir du moment où le savoir médical assume une place de vérité dans le discours social.[43]

Donc, dans le contexte de la sexuation, la question clé dans la structuration du sujet est non seulement *che vuoi*, que voulez-vous, comme l'atteste le graphe du désir, mais aussi *chi sei*, qui êtes-vous ? Cette possibilité de comprendre le genre nous éloigne d'une visée réductrice, qui localiserait dans certains phénomènes contemporains, tels que les transexualités, une sorte d'apocalypse symbolique, dans laquelle le Nom-du-Père n'aurait plus de force, et où la société serait condamnée à une perversion ou à une psychose généralisée. Mais si nous comprenons l'Autre à partir de l'idée

---

[43] Laqueur, 1998.

lacanienne de 'trésor des signifiants', les changements sociaux ont une incidence sur la valeur que nous donnons à chacun de ces trésors. Autrement dit, si des nouveaux signifiants se présentent dans le discours social ou si certains signifiants changent de valeur dans certaines circonstances, ce qui peut être compris comme l'impact social sur le désir de l'Autre tend à changer aussi. Ainsi, si nous entendons l'identité de genre comme une réponse à l'Autre, il est clair que ce qui est considéré comme socialement valorisé tend à modifier concrètement les différentes expériences sexuées des êtres parlants. Ça ne signifie pas du tout que nous sommes face à un « nouveau sujet », mais que nos identifications ont tout simplement de nouvelles formes d'aliénation, comme toujours soumises au désir de l'Autre. Les identités sexuées sont, finalement, ce que les sujets offrent à l'Autre dans l'espoir de remplir un manque qui les constituent. Mais, étant le processus de sexuation toujours une réponse effectuée et répétée au désir de l'Autre, comment penser la question des *autres* présente par Lacan en 1974 ? Est-ce que l'altérité peut être pluriel ?

Or, Laplanche[44] nous rappelle que l'altérité à laquelle l'enfant répond est formée par les *socii*, soit le noyau de base de la sociabilité, pour Freud, dans *Psychologie des Masses*[45] constitué de *petits autres*. Cette altérité radicale autant que plurielle est aussi discutée par Butler[46] et, encore une fois, rejoint l'hypothèse de ce que l'être sexué ne s'autorise ni de la présence/absence du phallus ni de l'identification cisgenre à un des parents, mais plutôt d'un complexe de genre où le caractère symbolique, décentré et constellé de l'altérité est fondamental.

L'assomption et l'autre

Il faut à ce moment conduire notre analyse de la sexuation à travers de la notion *d'identification au semblable*. Le texte de Freud « De quelques mécanismes névrotiques dans la jalousie, la paranoïa et l'homosexualité », traduit par Lacan en 1932, peut être repris à partir de sa thèse centrale : au-

---

[44] Laplanche, 2003.
[45] Dans ce texte de Freud (1921, p. 15), la matrice d'identification est celle des parents, des frères, de l'amoureuse, de l'ami, du maître, du médecin, etc., c'est-à-dire, d'un groupe restreint d'autres.
[46] Butler, 2004.

delà des causes « dispositionnelles » de l'homosexualité et de l'explication classique selon laquelle le jeune homosexuel serait fixé à sa mère, il existe une facette inexplorée de ce processus de sexuation, à savoir, le *complexe fraternel* [*Geschwisterkomplex*]. Dans ce cadre, devenir sexué serait donc la possibilité de surmonter des motions agressives contre le semblable. Pour mieux explorer l'incidence des rapports latéraux dans la structuration psychique, nous pouvons aussi faire recours aux réflexions de Juliet Mitchell[47] sur l'importance des semblables dans la théorie et les pratiques psychanalytiques : il s'agit du premier rapport véritablement *social* de l'*infans*. Dans cette perspective, il faut rappeler la portée de ce complexe chez Hamlet, Antigone, Schreber et David Reimer, autant de tragédies qui, à leur façon, auraient la mort d'un frère pour pivot.

La relecture de *Totem et tabou*[48] dans cet esprit révèle l'importance de la période d'exil des frères et leurs expériences d'horizontalité où la sexualité n'est pas organisée par une logique de la loi de l'inceste, mais par une possibilité *d'expulsion*. Notre thèse rapproche cette antériorité de l'instauration de l'inceste, marquée par l'expulsion de la *polis*, du rapport entre Laïos, le père d'Œdipe, et un jeune avec lequel il avait une liaison amoureuse, Chrysippe. Nous défendons que c'est précisément la proscription de cette relation qui est à la base de la tragédie de l'Œdipe, à l'instar de la thèse de Butler sur la primauté du tabou de l'homosexualité sur le tabou de l'inceste dans la *mélancolie de genre*.[49]

La construction de la centralité du semblable dans le processus de sexuation nous conduit aussi au *complexe d'intrusion*, localisé dans le passage du complexe de sevrage – marqué par des fantasmes de morcellement corporel – au complexe d'Œdipe. Ce complexe intermédiaire est intimement lié au *stade du miroir*,[50] où le semblable joue un rôle essentiel dans l'avènement du moi. Dès lors, il est possible de formaliser une définition *d'assomption* comme l'acte de prendre comme soi ce modèle venant de l'autre précisément dans le contexte de la sexuation d'un corps entier. Autrement dit, différemment d'une théorie de la sexuation supposant que l'identité serait donnée par une construction sur un organe génital, à

---

[47] Mitchell, 2000.
[48] Freud, 1913, p. 220.
[49] Butler, 1990.
[50] Lacan, 1949.

partir du stade du miroir nous sommes invités à concevoir la sexuation comme un processus où l'identification prend place dans une dialectique allant du zéro au deux pour pouvoir compter le moi comme *un*. L'incidence de ces *quelques autres* seraient donc double : il s'agit autant de ces autres qui *désignent* le sujet, que des semblables auxquels le sujet va *s'identifier horizontalement*, au-delà de leurs différences. La construction de la centralité du caractère collectif du processus d'identification est renforcée par le texte « Le temps logique et l'assertion de certitude anticipée »[51] où nous trouvons la proposition de Lacan sur une logique de l'assomption d'une identification du moi régie par un acte qui est *singulier,* mais, paradoxalement, ne peut se réaliser que *collectivement*. Étant donné l'échec d'une telle identification associée à la barbarie, il est possible de faire une liaison avec le type de souffrance en cause pour ceux qui vivent leurs sexuations de manières échappant à la normalisation sociale.

Par exemple, une étude récente Robles et. al. pointent que la souffrance liée aux expériences *trans* ne se réfère pas à une « dysphorie de genre », mais à l'impossibilité de *reconnaissance* par le social[52]. Cette même étude montre que le principal critère élu par Lacan et les post-lacaniens comme le « diagnostic de la transsexualité », la chirurgie de réassignation sexuelle, est faible et peu pertinent du point de vue statistique, la reconnaissance du *nom social*, par exemple, étant bien plus importante.

Il faut aussi apporter à cette thèse le caractère central de l'expérience de *jubilation* dans l'assomption, par la discussion de son rapport avec *lalangue* et la notion de *jouissance de l'Autre*, considérant que cette dernière se localise entre l'imaginaire et le réel.[53] C'est-à-dire que, plus précisément qu'une jouissance dite féminine, la spécificité de la jouissance de l'Autre dans ce processus serait justement la promotion de l'unification du corps et du moi par la présence de cet Autre (ou autres) qui nomme(nt) et joui(ssent) avec l'*infans* de sa reconnaissance comme unité sexuée.

---

[51] Lacan, 1945.
[52] Robles et. al., 2016.
[53] Lacan, 1974.

Nomination : le quatrième rond

Les discussions sur le stade du miroir ignorent parfois qu'un des éléments les plus importants de la dialectique conduisant à l'assomption du sujet s'organise autour d'un mouvement de choix par rapport à la nomination venant de l'Autre. Laplanche souligne l'importance de ce moment dans le champ de la sexuation en avançant l'idée de ce que le genre serait véhiculé par une *assignation*, une *identification par*. [54] Mais une telle assignation ne véhicule pas le genre dans son sens substantiel, mais la grammaire symbolique à partir de laquelle les différences seraient sexuées. Nous sommes ainsi dans un domaine qui noue et dépasse la frontière entre les trois registres, *réel, symbolique* et *imaginaire*.

Pour donner encore plus de consistance conceptuelle à la notion d'assignation, il faut souligner une distinction entre le statut du prénom et du nom,[55] par rapport aux différences des régimes de traductibilité et de transmission de ces deux formes de nomination, dans la mesure où le prénom répondrait au désir des parents par le don d'une trace de singularité à l'enfant alors que le nom aurait des critères constellés qui, malgré leurs rapports au patriarcalisme familier, ne se résumeraient pas à la description symbolique du *nom du père*.

Nous avons donc présenté la thèse lacanienne proposant l'acte lié à la *nomination* comme quatrième nœud qui unifierait les trois registres,[56] l'écriture chez James Joyce[57] en étant l'un des exemples privilégiés. D'ailleurs, Lacan soutient cette du nom comme élément essentiel du nouage des trois registres à partir d'un roman gay du début du XXᵉ siècle : *Jésus-la-Caille*[58].

À partir de la somme de ces discussions, on peut analyser un cas qui condenserait les points capitaux de cette lecture de la sexuation : l'entretien mené par Lacan avec Corinne, un sujet *trans* enfermé,[59] qui avait écrit des

---

[54] Laplanche, 2003.

[55] À partir de la récupération d'une observation faite par Irigaray pendant un séminaire fermé de Lacan (1964-1965, p. 142), et d'études anthropologiques sur le nom propre (Pina-Cabral, 2008).

[56] Lacan, 1974-1975, p. 215,

[57] Lacan, 1975-1976, p. 86.

[58] Lacan, 1975, p. 560

[59] Lacan, 1976.

vers sur son vécu. Cette poème[60] semble clarifier la manière dont la nomination, qui advient du dépliement du sujet dans d'autres « mois » dans la poésie, fournit un modèle de la théorie d'identification sexuée grâce à l'autorisation de soi-même et quelques autres. Ce parcours fourni des éléments pour une réflexion sur l'importance du nom propre pour les minorités sexuelles, aussi bien que sur le concept de signature chez Derrida[61] — considèrent la façon originel par laquelle Corinne signe son écrit.

Pour conclure, grâce à une révision critique des commentateurs prenant la notion de *sinthome* comme paradigme de la transsexualité psychopathologiquement conçue et à la constatation de l'importance du nom dans le nouage des trois registres, la différence entre les sexuations *cis* et *trans*, par exemple, se défait, car dans les deux cas il s'agit une prise en charge du sujet de la nomination qui vient d'ailleurs et le situe face à *quelques autres*. Autrement dit, on peut voir une base épistémologique pour concevoir une notion d'identification universelle, car tous les êtres – qu'ils soient minorisés ou non – deviennent sexués par l'autorisation de soi-même et de quelques autres. Des différences de souffrance psychique peuvent donc être pensées non plus en matière de « psychose » ou « perversion » ou par rapport à l'anatomie, mais dans l'extension de la capacité du sujet à se nommer et à être nommé à l'intérieur d'une société avec des paramètres de normalisation hétérocentrés.

Nous espérons que notre parcours aura permis de consolider quelques bases pour que l'aphorisme « *L'être sexué ne s'autorise que de lui-même et de quelques autres* » puisse servir de programme de lecture de la sexuation chez Lacan à partir de nouvelles coordonnées. Enfin, l'identification sexuée peut être enfin pensée comme un *processus normatif d'assomption d'une nomination qui noue, par la jubilation, l'image corporelle du moi au*

---

[60] *L'Éternelle — la femme blonde.* "Hôpital Pinet / Je raconte le projet de vouloir m'oublier / Dans la persévérance / De trouver ma plus belle personnalité / Corinne adorée // Travesti je hais / Je suis très gêné de me savoir efféminé / Et la souffrance / De me reculer blesse ma sensibilité / Corinne est vidée // Michel renaît / je suis en sécurité de pouvoir penser / À la chance / De me tuer si un jour je suis désespéré / Corinne exécutée // Stupide idée / Je ne peux que rêver de savoir m'oublier / Dans la constance / De me réveiller du cauchemar qui m'a usé / Corinne qui c'est // Non c'est pas vrais / Je vais me gêner et tant pis continuer / Dans l'existence / À me dépersonnaliser avec simplicité / Corinne adorée /// *Michel Michelle Corinne*".
[61] Derrida, 1971, p. 19

complexe organisant la position du sujet face à une constellation ouverte et historiquement déterminée d'autres sexués.

BIBLIOGRAPHIE

Attal, José (2010) *La non-excommunication de Jacques Lacan: quand la psychanalyse a perdu Spinoza*. l'Unebévue éd.

Bourseul, Vincent. (2014) « Émergence et maniement du 'genre' dans la clinique, de la substance à l'objet », *Cliniques Méditerranéennes*, p. 139-152

Butler, Judith (1990). *Trouble dans le genre: le féminisme et la subversion de l'identité*. Paris : La découverte, 2019.

Butler, Judith. (2004). *Undoing gender*. New York: Routledge.

Canguilhem, Georges. (1966). *Le normal et le pathologique*. Paris : Presses Universitaires France, 2013

Derrida, J. (1971). *Communication au Congrès international des Sociétés de philosophie de langue française (Montréal, août 1971). Le thème du colloque était «La communication»*.

Eisler, Michael Jósef (1920) "Eine unbewußte Schwangrschaftsphantasie bei einen Manne unter dem Bilde einer traumatischen Hysterie (klinischer Beitrag zur Analaerotic)". *Internationale Zeitschrift für Psychoanalyse* 6: 50-63; 123-139.

Freud, Sigmund. (1905). *Trois essais sur la théorie sexuelle*, Paris, Gallimard, 1962.

Freud, Sigmund. (1913). Totem e tabu. Em S. Freud, *Obras completas, volume 11: Totem e tabu, Contribuição à história do movimento psicanalítico e outros textos (1912-1914)*. (P. C. Souza, Trad., pp. 13-244). São Paulo: Companhia das Letras. 2012

Freud, Sigmund. (1921). Psicologia das massas e análise do eu. Em S. Freud, *Obras completas, volume 15: psicologia das massas e análise do eu e outros textos (1920-1923)*. (P. C. Souza, Trad.). São Paulo. 2011

Lacan, Jacques. (1936). Para-além do "princípio de realidade". Em J. Lacan, *Escritos* (V. Ribeiro, Trad., pp. 77-95). Rio de Janeiro: Jorge Zahar Editor. 1998.

Lacan, Jacques. (1938). Os complexos familiares na formação do indivíduo. Em J. Lacan, *Outros escritos* (V. Ribeiro, Trad., pp. 29-90). Rio de Janeiro: Jorge Zahar Editor. 2003.

Lacan, Jacques. (1945). O tempo lógico e a asserção de certeza antecipada: um novo sofisma. Em J. Lacan, *Escritos* (V. Ribeiro, Trad., pp. 197-213). Rio de Janeiro: Jorge Zahar Editor. 1998.

Lacan, Jacques. (1949). « Le stade du miroir », *Écrits*, Paris, Seuil, 1966.

Lacan, Jacques. (1953-1954). *Le séminaire. Livre I. Les écrits techniques de Freud*, Paris, Seuil, 1975.

Lacan, Jacques. (1954-1955). *O seminário, livro 2: o eu na teoria de Freud e na técnica da psicanálise* (2ª ed. [projeto novo]). (M. C. Penot, Trad.) Rio de Janeiro: Jorge Zahar Editor. 2010.

Lacan, Jacques. (1956-1957). *O seminário, livro 4: a relação de objeto.* (D. D. Estrada, Trad.) Rio de Janeiro: Jorge Zahar Editor. 1995.

Lacan, Jacques. (1957). Instância da letra no inconsciente ou a razão desde Freud. Em J. Lacan, *Escritos* (V. Ribeiro, Trad., pp. 496-533). Rio de Janeiro: Jorge Zahar Editor. 1998.

Lacan, Jacques. (1957-1958). *O seminário, livro 5: as formações do inconsciente.* (V. Ribeiro, Trad.) Rio de Janeiro: Jorge Zahar Editor. 1999.

Lacan, Jacques. (1961-1962). *A identificação.* (I. C. Bagno, Trad.) Recife: Centro de Estudos Freudianos do Recife. 2003.

Lacan, Jacques. (1964-1965). *Problèmes cruciaux.* Paris: ELP.

Lacan, Jacques. (1971). *O Seminário, livro 18: de um discurso que não fosse semblante.* (V. Ribeiro, Trad.) Rio de Janeiro: Jorge Zahar Editor. 2009.

Lacan, Jacques. (1973) "L'étourdit." *Autres écrits,* Paris : Seuil, 2001

Lacan, Jacques. (1973-1974). *Les non-dupes errent.* Paris : AFI.

Lacan, Jacques. (1974). A terceira. *Cadernos Lacan.* 2002.

Lacan, Jacques. (1974-1975). *R.S.I.* Paris: Staferla.

Lacan, J. (1975). Joyce, o sintoma. Em J. Lacan, *Outros escritos* (V. Ribeiro, Trad., pp. 560-566). Rio de Janeiro: Jorge Zahar Editor. 2003.

Lacan, Jacques. (1975-1976). *Le sinthome.* Paris: Association Freudienne.

Lacan, Jacques. (1976) Journées des cartels de l'École freudienne de Paris. Maison de la chimie, Paris, *Lettre de l'École freudienne,* n° 18, pp. 263-270.

Lévi-Strauss, Claude. (1947). *As estruturas elementares do parentesco* (7ª ed.). (M. Ferreira, Trad.) Petrópolis: Vozes. 2012.

Laplanche, Jean. (2003). *Sexual: a sexualidade ampliada no sentido freudiano 2000-2006* (1ª ed.). (V. Dresch, Trad.) Porto Alegre: Dublinense. 2015.

Laqueur, Thomas. (1998). *Inventando o sexo: corpo e gênero dos gregos a Freud.* Rio de Janeiro: Relume Dumará. 2001.

Le Poulichet, Sylvie. (2013). « Du rapport entre le danger de naître, les vacillements de l'identité sexuelle et les atteintes somatiques », *Cliniques Méditerranéennes,* p. 127-142

Mitchell, Juliet. (2000). *Loucos e medusas: o resgate da histeria e do efeito das relações entre irmãos sobre a condição humana.* (M. B. Medina, Trad.). Rio de Janeiro: Civilização Brasileira. 2006.

Money, John., Hampson, J. G., Hampson, J. L. (1955), « An examination of some basic sexual concepts: the evidence of human hermaphroditism. » *Bulletin of the Johns Hopkins Hospital.*

Pina-Cabral, J. (2008). Recorrências antroponímicas lusófonas. *Etnográfica,* pp. 237-262.

Porchat, Patrícia. (2014). *Psicanálise e transexualismo - Desconstruindo gêneros e patologias com Judith Butler* (1ª ed.). Curitiba: Juruá.

Robles, R. et al. (2016). Removing transgender identity from the classification of mental disorders: a Mexican field study for ICD-11. *Lancet Psychiatry*, pp. 1-10.

Stoller, R. J. (1964). A contribution to the study of gender identity. *The International Journal of Psychoanalysis.*

L'AUTEUR

Pedro Ambra est psychanalyste. Professeur à la *Pontifícia Universidade Católica de São Paulo*, Brésil, est aussi chercheur du *Laboratório de Teoria Social, Filosofia e Psicanalise* de l'*Universidade de São Paulo* et membre de la Société Internationale de Psychanalyse et Philosophie. Auteur de divers livres, articles et essais sur le rapport entre psychanalyse, société, politique et genre. Contact : pedro.ambra@gmail.com